Cuando se ha cultivado la compasión,

esta abre de forma natural una puerta interior

a través de la que podemos comunicarnos

con otros seres humanos como nosotros

e incluso con otros seres que sienten,

sin esfuerzo,

y de corazón a corazón.

Su santidad, el Dalái Lama

De corazón

A

corazón

Una historia de amor y esperanza
por nuestro planeta

Texto de su santidad el Dalái Lama

Traducción de Laura Rins Calahorra

Ilustraciones de Patrick McDonnell

PLAZA 🄷 JANÉS

El consumo humano, la población y la tecnología
han llegado a ese punto en el que la Madre Tierra
ya no puede tolerar nuestra presencia

en silencio.

SELVA TROPICAL DE DAINTREE, AUSTRALIA

BOSQUE NACIONAL SIERRA, ESTADOS UNIDOS

SELVA TROPICAL DEL AMAZONAS, BRASIL

UN BOSQUE DE BAMBÚ, MESETA DEL TÍBET

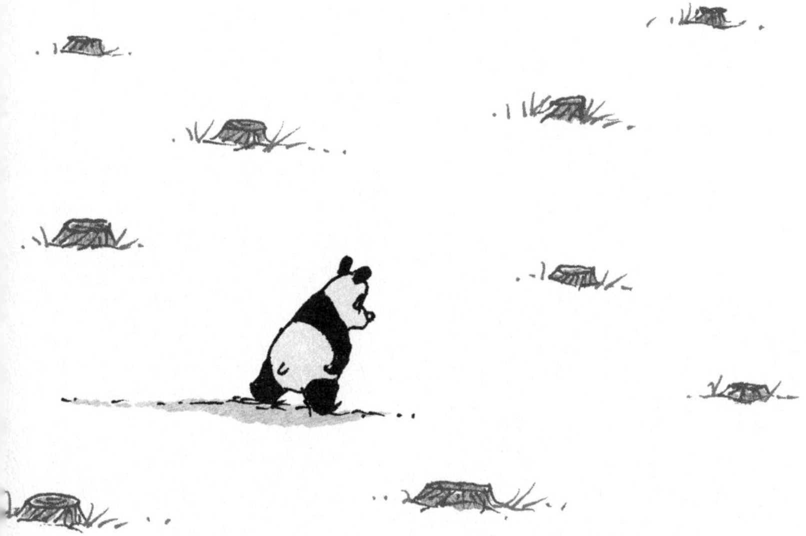

DHARAMSALA, INDIA

Que sea en todo momento, ahora y para siempre,

Protector de los desprotegidos

Guía de quienes han extraviado el camino

Barco de quienes tienen que cruzar océanos

Puente de quienes tienen que cruzar ríos

Amparo de quienes se hallan en peligro

Faro de quienes no tienen luz

Refugio de aquellos sin cobijo

Y servidor de todos los necesitados.

«TOC, TOC»

Acojo a todo el mundo como a un amigo.

En realidad, compartimos los mismos

objetivos básicos:

todos buscamos la felicidad

y deseamos evitar el sufrimiento.

Los verdes bosques son el mayor regalo de la naturaleza.

Los árboles son buenos para nuestra alma.

Cuando pasas tiempo en el bosque

y oyes cantar a los pájaros,

te sientes bien interiormente.

Nuestra relación con las plantas y la naturaleza es necesariamente muy antigua

y muy profunda.

Buda nació mientras su madre se sostenía
apoyada en un árbol.

Alcanzó la iluminación
sentado bajo un árbol,

y murió

mientras los árboles lo presenciaban

todo desde arriba.

Dicen que en los
reinos celestiales
los árboles rezuman
las bendiciones de Buda.

Si veo, huelo o incluso pienso en flores silvestres,

me siento especialmente feliz.

Recuerdo cómo, al llegar por primera vez a Lhasa,

siendo un niño de cuatro años,

me sentí como en un sueño...

como si me hallara en un gran parque

cubierto de bellas flores

mientras en él soplaba una suave brisa

y los pavos reales desplegaban

una elegante danza frente a mí.

Había un inolvidable aroma a flores silvestres
y libertad y felicidad
en el ambiente.

Todos sentimos la necesidad de estar rodeados de vida.

Necesitamos ver a nuestro alrededor vida que crece,

florece y prospera.

Porque todos

deseamos

crecer,

florecer

y prosperar.

Mi recuerdo

del viaje de tres meses por el Tíbet

desde Taktser, el lugar en el que nací

y donde me reconocieron como el dalái lama

cuando era un niño de dos años,

es el de la fauna que encontramos a lo largo del camino.

Inmensas manadas de *kyang* (asnos salvajes)

y de *drong* (yaks salvajes)

recorrían libremente las grandes llanuras.

De vez en cuando alcanzábamos

a ver centelleantes manadas

de *gowa*,

la tímida gacela tibetana,

de *nawa*,

el ciervo de hocico blanco,

o de *tso*,
nuestro majestuoso
antílope.

También recuerdo mi fascinación
por las pequeñas *chibi*, o picas,
que se concentraban en las zonas herbosas.
Eran muy simpáticas.

Me encantaba observar las aves,
la solemne *goe* (el águila barbuda)
elevándose muy por encima de los monasterios
situados en la cima de las montañas,

las bandadas de *nangbar* (gansos),

y de vez en cuando, por la noche, oír la llamada

de los *wookpa* (búhos de orejas largas).

Incluso en Lhasa, en mis dependencias de la planta
más alta de Potala, el palacio de invierno de los dalái lamas,
pasé innumerables horas de mi infancia estudiando
el comportamiento de la *khyungkar* (la chova de pico rojo)
que anidaba en las grietas de sus muros.

Y detrás de Norbulingka, el palacio de verano,

veía con frecuencia parejas de *trung trung*

(grullas de cuello negro)

que vivían en los humedales de la zona.

Estas aves para mí son la elegancia y la gracia

personificadas.

Y todo eso sin mencionar
al mayor tesoro de la fauna tibetana:

los *dhom* (osos),

los *wamo* (zorros de las montañas),

los *chanku* (lobos),

los *sazik* (bellos leopardos de las nieves),

y los *thesik* (linces),

que han sembrado el terror

en los corazones de los granjeros nómadas,

o el *dhomtra*

(el panda gigante de amable expresión).

Por desgracia,
ya no encontramos esta abundancia
de vida salvaje.

«¡GRRR!»

No debemos olvidar nunca
el sufrimiento que los humanos infligimos
a otros seres que sienten.

Tal vez un día nos arrodillaremos

y les pediremos a los animales que nos perdonen.

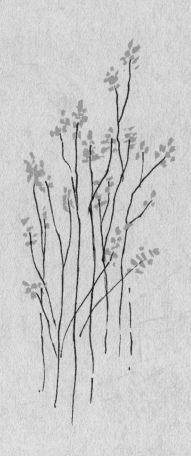

De las muchas y variadas especies animales del planeta,
los humanos somos los mayores causantes de problemas.

De eso no
cabe duda.

La paz y la supervivencia de la vida en la Tierra
tal como la conocemos
están amenazadas por la actividad humana,
que carece de compromiso con los valores humanitarios.

La destrucción de la naturaleza y los recursos naturales
es el resultado de la ignorancia, la avaricia,

y la falta de respeto por los seres vivos del planeta.

Nosotros, los humanos, somos la única especie con el poder de destruir la Tierra tal como la conocemos.

Sin embargo, si tenemos la capacidad
de destruir la Tierra,
también tenemos la capacidad de protegerla.

Parece que el desarrollo

ha hecho del mundo entero un lugar mucho más pequeño,

pero a la conciencia humana todavía le queda mucho

camino por recorrer.

Si queremos un futuro mejor,

debemos examinar ahora mismo nuestro

sistema de valores.

Es necesario que reconozcamos nuestra
naturaleza y, de ese modo,
si tenemos la determinación suficiente,
cabe la posibilidad real de transformar
el corazón humano.

La compasión, la bondad amorosa y el altruismo
son la clave, no solo para el desarrollo humano
sino también para la supervivencia del planeta.

El verdadero cambio en el mundo solo tendrá lugar
gracias a un cambio en el corazón.

Lo que propongo es

una revolución compasiva,

un llamamiento a la reorientación radical
alejada de la preocupación habitual
por uno mismo.

Es una apelación para volcarnos en la comunidad

más amplia de seres con los que estamos conectados,

y para una conducta que reconozca los intereses del otro

además de los propios.

Estoy de acuerdo con Shantideva cuando escribe:

«Toda la dicha que hay en este mundo,
sin excepción, proviene del deseo de la felicidad del otro,
y todo el sufrimiento que hay en este mundo,
sin excepción, proviene del deseo de mi propia felicidad».

Una de las visiones más poderosas

que he experimentado

fue la primera fotografía de la Tierra

desde el espacio exterior.

La imagen de un planeta azul

flotando en la inmensidad del espacio,

reluciente como la luna llena en una noche clara,

me aportó la plena conciencia de que todos somos,

sin duda, miembros de una misma familia

que comparte un pequeño hogar.

Este bello planeta azul es nuestro único hogar.
Lo que en él suceda nos afecta a todos.
Debemos aprender a vivir en paz
y en armonía los unos con los otros,
así como con la naturaleza.

No se trata solo de un sueño
sino de una necesidad.
Si no cuidamos este hogar,
¿qué otra misión tenemos
en este planeta?

Todo es interdependiente,
todo es inseparable.

Nuestro bienestar individual está íntimamente conectado
con el de todos los demás,
así como con el entorno en el que vivimos.

Cada una de nuestras acciones,

cada acto, palabra y pensamiento,

sin importar lo pequeño que sea

ni lo intrascendente que parezca,

tiene una consecuencia no solo para nosotros mismos

sino también para todos los otros.

Todos estamos interconectados en el universo,

y de ahí surge la responsabilidad universal.

Las criaturas que habitan este planeta,

sean seres humanos o animales,

están aquí para contribuir,

cada cual de una manera propia y particular,

a la belleza y la prosperidad del mundo.

Tengo el convencimiento de que todos
y cada uno de nosotros somos responsables
de crear un mundo más feliz.
Es necesario, en última instancia, que nos
preocupemos más por el bienestar de los otros.

En otras palabras, tener la *bondad* o la *compasión*
de las que ahora carecemos.

Debemos prestar mayor atención
a nuestros valores internos.

Desarrollar un sentido de unión de la humanidad.

Si deseas cambiar el mundo, intenta primero mejorar, cambiar, dentro de ti.

Crear un mundo más pacífico requiere tener
una mente en paz y un corazón en paz.

Un buen corazón es la fuente
de toda felicidad y toda dicha,
y todos podemos ser
bondadosos
si hacemos un esfuerzo.

Pero mejor aún es tener *bodhichitta,*
que consiste en un buen corazón dotado de sabiduría.

Es necesario que cultivemos una compasión
lo bastante fuerte para sentirnos comprometidos
con que los demás puedan vivir en bienestar,

de forma que estemos verdaderamente dispuestos
a asumir la responsabilidad
de conseguir que ocurra.

En lengua tibetana, esa compasión se llama

nying je chenpo;

literalmente,

«gran compasión».

Gracias a cultivar

una actitud de responsabilidad hacia los otros,

podemos empezar a crear ese mundo

más amable y compasivo

con el que todos soñamos.

Lo más importante se halla en nuestra mente, aquí y ahora,
y en la forma en que usamos esa mente en la vida diaria.

Borra los pensamientos que te produzcan el desasosiego
y la incomodidad procedentes de una mente negativa,
de pensamientos negativos.

Plantéate si son o no útiles
para la humanidad y la salud de nuestro planeta.

Si quieres que los otros sean felices,
practica la compasión.

Si quieres ser feliz,

practica la compasión.

Esta es mi sencilla religión.

No hay necesidad de templos,

no hay necesidad de ninguna filosofía complicada.

Mi filosofía es...

Se amable cuando sea posible.

Y siempre es posible.

La compasión es el radicalismo de nuestro tiempo.

Ama a todos los seres que sienten

tanto como amas a tu madre.

Para algunos, la defensa de este ideal
de amor incondicional es poco realista.

Sin embargo, insto a estas personas a ponerlo
en práctica.

Descubrirán que, cuando traspasamos
los estrechos confines del propio interés,
nuestro corazón se llena de fortaleza.

La paz y la dicha se convierten en nuestras
fieles compañeras.

Se derrumban toda clase de muros
y al final se destruye el concepto
del interés propio

como algo separado del interés de los otros.

Donde viven el amor, el cariño, la amabilidad
y la compasión,
las acciones éticamente sanas

surgen de forma natural.

Todo lo que hacemos tiene
alguna consecuencia,
incluso un acto sencillo.

Aunque parezca insignificante,
cuando lo multiplicamos por los miles
de millones de personas
que tal vez hagan lo mismo,
el impacto es enorme.

Al final, cada individuo
tiene la responsabilidad de guiar en la dirección correcta
a la familia que formamos entre todos.

Con los buenos deseos no basta;
debemos asumir

responsabilidad.

De modo que haya esperanza para un futuro mejor.

Depende por completo de nuestras acciones (karma).

Solo hay dos días al año

en los que no puedes hacer nada.

Uno se llama «**ayer**»

y el otro, «**mañana**».

«**Hoy**» es el día para amar, creer, actuar
y, sobre todo, vivir en positivo
para ayudar a los demás.

Rezo por todos nosotros,

que juntos logremos con éxito

construir un mundo compasivo

mediante la comprensión y el amor,

y que, al actuar de ese modo,

disminuyamos el dolor y el sufrimiento

de todos los seres que sienten.

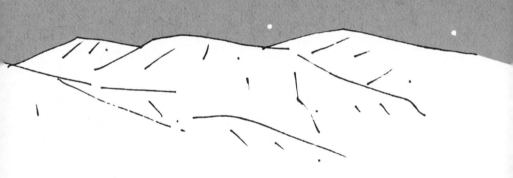

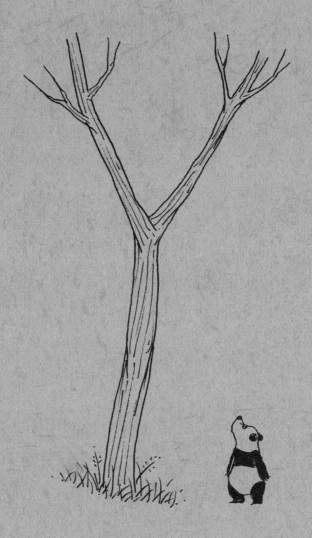

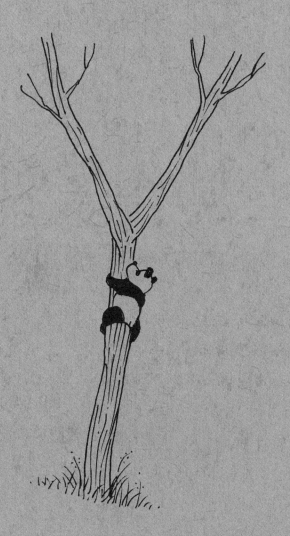

Que sea en todo momento, ahora y para siempre,
Protector de los desprotegidos
Guía de quienes han extraviado el camino
Barco de quienes tienen que cruzar océanos
Puente de quienes tienen que cruzar ríos

Amparo de quienes se hallan en peligro

Faro de quienes no tienen luz

Refugio de aquellos sin cobijo

Y servidor de todos los necesitados.

Mientras exista el espacio

Y mientras haya seres vivos,

Hasta entonces, que también yo exista

Para disipar la miseria del mundo.

«ТОС, ТОС»

Que todos los seres que sienten,

tanto uno mismo como los demás,

hallen la felicidad constante

mediante el amor y la compasión

asociados a la sabiduría.

EL DALÁI LAMA

Todos los días, en todo el mundo, observamos las devastadoras consecuencias de nuestro desprecio por este valioso planeta, nuestro único hogar. La Madre Tierra nos está dando una lección al mostrarnos la necesidad de responsabilidad universal. Ya no podemos cerrar los ojos con la esperanza de que lo que le está sucediendo a la naturaleza no sea tan grave como muchos expertos vaticinan. Todos debemos esforzarnos por proteger la fragilidad del planeta antes de que sea demasiado tarde.

El noble oso panda de este libro es un ser inocente que afronta importantes retos. Al cambiar el clima, ve desaparecer su hábitat y disminuir su especie. También nosotros somos testigos de esos cambios. Sin embargo, a diferencia del panda y otros animales, nosotros sí que podemos hacer algo al respecto.

Tengo la esperanza de que este libro sirva para abrir los ojos, la mente y el corazón de todas las personas, en particular de los jóvenes, ante la importancia de ser amables y compasivos con nuestro entorno, del cual depende nuestra supervivencia.

Su santidad el Dalái Lama es el líder espiritual de los budistas tibetanos. Nació en una familia de granjeros del este del Tíbet el 6 de julio de 1935, y a la edad de dos años fue reconocido como la reencarnación del decimotercer dalái lama, el líder espiritual y temporal del Tíbet.

El Dalái Lama se describe a sí mismo como un simple monje budista. Suele decir: «Perdí la libertad a los dieciséis años y mi país a los veinticuatro». Tras la ocupación del Tíbet en 1950 por parte de la China comunista, en marzo de 1959 huyó a la India. Hoy vive en Dharamsala, al norte del estado indio de Himachal Pradesh.

El Dalái Lama viaja por el mundo difundiendo su mensaje de paz y compasión, así como la importancia de reconocer la unidad de los siete mil millones de seres humanos que habitamos este planeta. Para honrar su campaña de no violencia con el objetivo de poner fin a la dominación china del Tíbet, y por su enfoque ético para combatir el cambio climático, fue galardonado con el Premio Nobel de la Paz en 1989.

En 2011, el Dalái Lama transfirió su autoridad política a los dirigentes electos.

La conservación del medio ambiente es un principio esencial del Dalái Lama al promover la responsabilidad universal. Hace hincapié en que todos y cada uno de nosotros tenemos la responsabilidad de asegurar que el mundo esté a salvo para las generaciones futuras, tanto para nuestros nietos como para nuestros biznietos.

Patrick McDonnell es el creador de la adorada tira cómica *Mutts*, publicada en más de setecientos periódicos de veinte países durante más de veinticinco años. Charles Schulz consideró *Mutts* «una de las mejores tiras cómicas de todos los tiempos». *Mutts* ha recibido numerosos premios tanto por su excelencia artística como por su contenido en defensa de los animales y del medio ambiente.

McDonnell es autor de varios libros ilustrados incluidos en la lista de libros más vendidos de *The New York Times*, entre los que se cuentan *The Gift of Nothing* y el merecedor de la mención de honor Caldecott *Me...Jane* (una biografía de la infancia de Jane Goodall). Ha colaborado con el maestro espiritual Eckhart Tolle en *Los guardianes del ser*, y con el poeta y traductor de Rumi Daniel Ladinsky en *Darling, I Love You*.

∞

A Patrick le gustaría dar las gracias a su santidad el Dalái Lama, Pam Cesak, Tencho Gyatso, Tseten Samdup Chhoekyapa, Judith Curr, Anna Paustenbach, Shawn Dahl, Robert McDonnell, Henry Dunow, Stu Rees, Karen O'Connell y a todas las personas que contribuyen a hacer del mundo un lugar más amable y seguro para todos los seres.

Papel certificado por el Forest Stewardship Council®

Título original: *Heart to Heart*
Primera edición: octubre de 2023

© 2023, Gaden Phodrang Foundation of the Dalai Lama, por el texto.
© 2023, Patrick McDonnell, por las ilustraciones.
Diseñada por Shawn Dahl, dahlimama Inc.
Materiales publicados previamente reimpresos con el permiso correspondiente:
My Tibet. © 1995, su santidad, el decimocuarto Dalái Lama del Tíbet.
Utilizado con el permiso de University of California Press.
Ethics for the New Millennium: His Holiness the Dalai Lama.
© 1999, su santidad, el Dalái Lama. Utilizado con el permiso de Riverhead, un sello
de Penguin Publishing Group, una división de Penguin Random House LLC.
Todos los derechos reservados.
Our Only Home. A Climate Appeal to the World.
© 2020, su santidad el Dalái Lama y Franz Alt. Publicado por primera vez
en los Estados Unidos por Harlequin. Utilizado con el permiso correspondiente.
© 2023, Penguin Random House Grupo Editorial, S. A. U.
Travessera de Gràcia, 47-49. 08021 Barcelona
© 2023, Laura Rins Calahorra, por la traducción

Printed in Spain – Impreso en España

Depósito legal: B-13818-2023
ISBN: 978-84-01-03093-2

Compuesto en M. I. Maquetación, S. L.

Impreso en EGEDSA. Sabadell (Barcelona)

L030932

DalaiLama | DalaiLama | @DalaiLama | DalaiLama.com
MuttsComics | _PatrickMcDonnell | Mutts.com/HeartToHeart